Lachen ist Musik

© 1992 Benteli-Werd Verlags AG, CH-3084 Wabern-Bern, und Kurt Pahlen
Umschlag und Illustrationen: Ted Scapa
Gestaltung und Lektorat: Benteliteam Bern
Satz und Druck: Benteli Druck AG, Wabern-Bern
Printed in Switzerland
ISBN 3-7165-0860-8

KURT PAHLEN
LACHEN IST MUSIK

Eine heitere Sammlung
von Anekdoten
aus der Welt der Musiker

Benteli Verlag Bern

ANEKDOTEN...

Wenn Johannes Brahms sehr gut aufgelegt ist – so sagten die boshaften Wiener über ihren berühmten Mitbürger aus Norddeutschland – dann komponiert er «Das Grab ist meine Freude». Dabei war er kein Griesgram, der kleine Mann mit dem grossen Bart, schon seine überaus freundlichen Augen verrieten, dass er sehr wohl Spass verstand. Aber die Art, den Humor zu äussern, ist eben bei jedem Menschen verschieden. Der geneigte oder naive Leser meint wahrscheinlich, Anekdoten entsprängen immer der «Wahrheit», hätten sich, so wie sie erzählt werden, irgendwann irgendwo so abgespielt, wie sie erzählt werden. Weit gefehlt!
Den in ein Taxi springenden Karajan, der dem Chauffeur zuruft: «Schnell, schnell!» und auf dessen verwunderte Frage, wohin er denn fahren solle, hervorstösst: «Ganz gleich wohin, man braucht mich überall!» hat es natürlich niemals gegeben; aber in der Phantasie seiner Zeitgenossen gab es ihn, weil er tatsächlich an zehn Stellen gleichzeitig gebraucht wurde. Und wie konnte diese ans Unglaubliche grenzende Lebenssituation besser dargestellt werden, als mit dieser Anekdote, die in dieser Form sich bestimmt nie abgespielt hatte? Sie könnte sich abgespielt haben, das ist das Wesentliche. Wenn Karajan nicht ein so minutiös planender, glänzend organisierter Mensch gewesen wäre...
Wichtig ist nicht, dass eine Anekdote wahr ist. Wichtig ist, dass sie wahr sein könnte, weil sie einen charakteristischen Wesenszug des Geschilderten trifft.

Weil sie also in mehr oder weniger fröhlicher Form ein schärferes Bild des Betroffenen zeichnet, als ein Bleistift es vermöchte. Toscanini könnte das gesagt, Klemperer jenes getan haben, das ist das Wesentliche. Böhms Aussprüche werden wahr, wenn sie es auch nicht sind, sobald man sie sich in seiner komischen Sprache vorstellt, die so ungemein charakteristisch war. Anekdoten, die verletzen, kränken, beleidigen, die vielleicht Böses von einem gütigen Menschen erzählen, sind keine guten Anekdoten, denn sie verfälschen ein Charakterbild, greifen jemanden in seiner Ehre an, der sich nicht mehr verteidigen kann. Der Leser wird sie in unserem Büchlein vergeblich suchen. Natürlich darf eine Anekdote «scharf» sein, darf Negatives von jemandem erzählen, in dessen Charakterbild es passt oder sogar gehört. Berlioz als friedfertigen, wohlwollenden Zeitgenossen zu schildern, wäre lächerlich. Aber zwischen wahrheitsgetreuem Schildern und Beschimpfen ist ein gewaltiger Unterschied. Die Anekdote soll zum Charakterbild beitragen.

Als mein lieber Freund Ted Scapa mich fragte, ob ich in meiner langen Musikerlaufbahn nicht eine Menge Lustiges, eben «Anekdotisches» erlebt hätte, entstand dieses Büchlein. Es soll ein paar Stunden Heiterkeit vermitteln, liebenswerte Gestalten aus der Vergangenheit hervorrufen durch Erzählung von Anekdoten, die sie trefflich abbilden können. Frage bei einem solchen Büchlein nicht nach «Wahrheit», lieber Leser! Wenn es sie überhaupt gibt, dann auf keinen Fall – oder nur zufällig – in der Anekdote. Leo Slezak, der grosse (auch körperlich riesige) Heldentenor der Wiener und vieler anderer grosser Opernhäuser, der Filmkomiker, der bis ans Lebensende nicht aufhörte, Frohsinn und Freude unter seinen Mitmenschen zu verbreiten, war einer der humorvollsten Menschen seiner Zeit, der unzählige Witze in seinem Leben machte oder verbreitete. Doch von den Anekdoten, die es rund um ihn gibt, dürfte er kaum eine gekannt haben.

Und so habe ich, inmitten der vielen, sogenannten «ernsten» Musikbücher, die ich im Leben schrieb, diesen kleinen «Ausrutscher» begangen, der hoffentlich manchen Musikfreund erfreuen wird. Vielleicht wird manche Musikergestalt der Vergangenheit auf diesen Seiten lebendiger als im Konversationlexikon.

Kurt Pahlen

Eines der bedeutendsten Orchester Nordamerikas bekam einen neuen Dirigenten. Dem fiel die düstere, ausgesprochen abweisende Miene seines Konzertmeisters auf. Er fragte ihn in der zweiten oder dritten Probe nach der Ursache seiner anscheinend tiefgehenden Verstimmung:

«Sind Sie krank?»
Der Musiker schüttelte den Kopf.
«Sind Sie mit dem Verlauf unseres Musizierens unzufrieden?»
Wieder schüttelte er den Kopf. Die Probe ging weiter, ohne dass die Gesichtszüge des Konzertmeisters sich aufhellten. In der nächsten Probe nahm der gutmütige Dirigent mit bester Absicht einen neuen Anlauf:
«Bitte sagen Sie mir doch, was Sie haben!»
«I hate music…» (Ich hasse Musik) erwiderte der Konzertmeister.

Ein Musiker betritt die Wohnung eines Kollegen, der Kontrabass spielt. Nun haben Kontrabassisten manchmal – völlig ungerechtfertigt, wie ich bezeugen kann – den Ruf mangelhafter Musikalität. Der besagte Kontrabassist ist eben dabei, seinen kleinen Sohn fürchterlich zu verprügeln.

«Hör auf!», ruft der eintretende Gast, doch der Angesprochene reagiert nicht darauf.
«Ja, um Gotteswillen, hör' doch schon auf! Der arme Junge!»
«Nein, mein Lieber, du hast keine Ahnung, was er mir angetan hat!» sagt der Kontrabassist und prügelt weiter.
«Jetzt aber Schluss! Was hat er denn so Schreckliches getan?»
Der Kontrabassist hält inne:
«Eine Saite meines Instruments hat er gelockert!»
«Nun, das ist doch nicht so arg!»
«Oho, und wie! Er will mir ja nicht sagen, welche!»

Der «alte Hellmesberger» war eine der populärsten Wiener Musikergestalten seiner Zeit. Und in Wahrheit der Jüngste einer Musikerfamilie, Joseph mit Namen, bekannt durch viele glänzende Anekdoten, die sich nun durch etwa ein Jahrhundert erhalten haben.
Eines Tages nahm er während einer Probenpause in der Wiener Hofoper einen wenig begangenen Weg im weitläufigen Gebäude. Dort sah er einen hochbetagten Orchesterkollegen, der in eindringlichster Weise auf eine reizende junge Ballettelevin einredete.
Hellmesberger ging vorbei, nicht ohne dem Kollegen leise aber deutlich ins Ohr zu flüstern:

«Mein Lieber, was tust du, wenn sie ‹ja› sagt?»

Als das geigerische Wunderkind Bronislaw Hubermann, später einer der bedeutenden Musiker seiner Zeit und Gründer von Israels Philharmonischem Orchester, zwölfjährig in den USA vorgestellt wurde, sassen Kreisler, der geniale Violinist, und Sergej Rachmaninow, der grosse Pianist, nebeneinander im Parterre. (Die Anekdote wird von allen berühmten Geigern und Pianisten der Jahrhundertwende erzählt.)
Der Pianist bemerkte, nicht ganz ohne Schadenfreude, wie Kreisler sich ununterbrochen den Schweiss vom Gesicht wischte. Schliesslich sagte der bedeutende Geiger:
    «Entsetzlich heiss ist es hier!»
Worauf Rachmaninow erwiderte:
    «Nicht für Pianisten…»

Hans Knappertsbusch, einer der bedeutenden Dirigenten des 20. Jahrhunderts und seiner Leistungen wie seiner urwüchsigen Art wegen legendäre Gestalt in München, war kein Freund von Proben.
Sein hundert Mal angewendeter Spruch war:
> «Meine Herren, Sie kennen das Werk, ich kenne es auch, also auf Wiedersehen heute Abend beim Konzert!».

Einmal gastierte «Kna», wie er allgemein genannt wurde, irgendwo in einer deutschen Stadt. Auf dem Programm war ein Standardwerk des sinfonischen Repertoires, sagen wir die Fünfte Beethovens.
> «Meine Herren, Sie kennen…»

Die meisten Musiker lachten, aber einige machten nachdenkliche Gesichter und der Konzertmeister wagte den Einwand:
> «Herr Professor, vielleicht könnten wir wenigstens doch die Stelle der Wiederholung im ersten Satz proben…»

Kna machte ein finsteres Gesicht, aber fand sich bereit, das Werk bis dorthin durchzuspielen. Es ging tadellos, alle Musiker schienen sich völlig im klaren, ob diese Wiederholung zu machen sei oder nicht – was bei klassischen Sinfonien stets ein Diskussionspunkt zu sein pflegt. Am Abend verlief alles glänzend, bis im letzten Programmteil, jener berühmten Sinfonie, die Katastrophe eintrat: Ein Teil des Orchesters wiederholte den ersten Absatz, ein anderer nicht. Kna zischte, volksnah wie immer, recht vernehmlich für die ersten Parterrereihen:
> «Das habt ihr jetzt von eurer Scheiss-Probiererei!»

Karl Böhm, namhafter Dirigent, leitet eine Probe in der Oper; einer seiner Solisten ist der prominente Bassist Karl Ridderbusch. Mitten in einer Szene ruft Böhm ihm mit seiner unnachahmlich näselnden Stimme zu:

«Mein Lieber, Sie schleppen ja!»

Ridderbusch, sich keines Vergehens bewusst, stammelt Worte der Entschuldigung. (Schleppen nennt man im Theaterjargon das zu langsame Singen eines Bühnenkünstlers, der damit das vom Dirigenten gewünschte Tempo in Gefahr bringt.) «Noch einmal das Ganze!», befiehlt der Dirigent, um kurz danach wieder abzubrechen:

«Sie schleppen ja schon wieder!»

Der Bassist:

«Verzeihung, ich habe ja gar nicht gesungen!»

«Macht nichts, Bassisten schleppen immer...!»

Und als nach der Aufführung, bei der Verbeugung, Ridderbusch als letzter mit zwei Sekunden Verspätung vor den Vorhang tritt, meint Böhm:

«Nein, so etwas! Sogar beim Verbeugen schleppt er noch!»

Zurück zum «alten Hellmesberger». Als einmal ein Sonderkonzert für die Wiener Lehrerschaft stattfand und auch der sehr renommierte Lehrergesangsverein mitwirkte, prägte er das reizende Wort:

«Ich habe den Saal schon voller gesehen, ich habe ihn schon leerer gesehen, aber so voller Lehrer noch nie!»

Ein einst berühmter Tenor – dessen Name aus Diskretion verschwiegen sei – hatte nicht gerade den Ruf hoher Intelligenz. Aber er war, mit Recht, ein gefeiertes Mitglied der Berliner Oper.

Eines Tages eröffnete ihm der Intendant, dass er ihn nun für reif genug erachte, den Tristan zu singen, die schwerste und längste Partie des Heldentenorfachs. Unser Künstler war nicht wenig beglückt; ein ganzes Jahr wollte der Intendant ihm Zeit lassen, die gefürchtete Rolle gut zu studieren.

Das Jahr ging um und der Tenor war bereit. Der grosse Abend kam und das Theater war ausverkauft; keiner der Fans war zuhause geblieben, freudig bereit, dem Liebling zuzujubeln.

Der erste Akt verlief tadellos und die Verehrer suchten den Helden des Abends in der Garderobe auf: «Grossartig! nur so weiter!» Im zweiten Akt, dem langen Liebesduett, steigerte er sich noch. Wieder durften die Anhänger ihn in der Pause eine Minute begrüssen und einstimmig begeistert sagen, wie fabelhaft er gewesen sei. Der dritte, letzte Akt begann. Schwer verwundet liegt Tristan auf der Terrasse seiner heimatlichen, längst zerfallenen Burg, den Blick sehnsüchtig auf das weite Meer gerichtet, auf dem er seit Wochen das

Auftauchen von Isoldes Schiff erwartet. Tage und Nächte vergehen in verzweifeltem Bangen. Endlich, endlich! Das Segel erscheint, nähert sich schnell. Wie es die Rolle vorschreibt, reisst Tristan sich die Verbände ab und stürzt mit letzter Kraft der Geliebten entgegen. Mit einem letzten langen Aufschrei «Isolde!» soll er leblos zu ihren Füssen hinsinken.
Er sank programmgemäss hin, aber der Aufschrei blieb aus.
Alles ging weiter, dem tragischen Ende entgegen, Isoldes «Liebestod». Ein Riesenerfolg, Jubel im ganzen Haus, Hervorrufe, Blumen. In die Garderobe stürmen die Fans:

«Wunderbar! Herrlich! Einmalig!»

Der Tenor strahlte vor Glück.
Einer seiner Anhänger wagte die Frage:

«Aber sagen Sie, Herr Kammersänger, warum haben Sie das letzte ‹Isolde!› nicht mehr gesungen?»

«Verdammt nochmal... mir ist doch der Name nicht mehr eingefallen...!»

Ein berühmter Musiker feierte seinen 60. Geburtstag. Alle Welt hatte ihm begeistert gratuliert, die Presse ihn überschwenglich gefeiert, alles war ausgiebig geschehen, was sonst noch dazugehört.
Im engsten Freundeskreis aber zeigte er sich hernach wortkarg und schwermütig. Man drang in ihn, was er denn nach solchen Triumphen noch vermisse. Seine Antwort lautete:
    «In diesen Tagen kam ich darauf, dass ich eigentlich nicht das mindeste musikalische Talent besitze...»
    «Und was gedenken Sie zu tun, Meister?»
    «Ich kann nichts tun, ich bin zu berühmt...»

Otto Klemperer, einer der bösartigsten, aber auch genialsten Dirigenten seiner Zeit, wohnte einmal zufällig einer Probe seines Kollegen Georg Szell – richtig ausgesprochen «Ssell», mit scharfem s – bei, der bereits in Prag höchstes Können gezeigt und hernach in US-Cleveland ein Orchester herangebildet hatte, das viele Kenner das glänzendste der damaligen Welt nannten. Szell probte «La mer» (Das Meer) von Debussy.
Am Ende sagte Klemperer boshaft, in Anspielung auf den so benannten idyllischen Ort in den österreichischen Bergen:

«Das war keine Spur von Meer, das war bestenfalls Szell am See...»

So geschehen bei den Salzburger Festspielen der 1980er Jahre. An einem heissen Augustabend war das Grosse Festspielhaus mit einer gespannt wartenden Menge gefüllt, es war das Debüt eines soeben «entdeckten» jungen russischen Pianisten. Auch im Saal herrschte eine ungewöhnliche Schwüle und Luftfeuchtigkeit; Fachleute bedauerten den Solisten bereits jetzt ob dieser ungünstigen Bedingungen, welche die Klaviertasten nass und damit rutschig machen mussten.

Die Zeit des Beginns war gekommen. Vom linken Eingang her betrat ein jüngerer Mann das Podium. Der Beifall rauschte auf, besonders freundlich, um dem Unbekannten diese Schreckminute angenehmer zu gestalten.

Der ging unter herzlichem Beifall die ziemlich weite Strecke zum Flügel, ohne sich zum Publikum zu wenden. Er hatte einen gewöhnlichen grauen Anzug an – der Arme, Pianisten konnten sich wohl in der Sowjetunion keinen Frack leisten, so wurde bedauernd gemunkelt.

Als er beim Klavier angelangt war, zog er ein recht grosses Tuch hervor und begann ruhig und gewissenhaft die Tasten abzuwischen. Aus dem Applaus wurde stürmisches Gelächter.

Und dann erst, als der «Abwischer» gegangen war, betrat der Pianist das Podium, in Frack und Lackschuhen, ganz wie es sich auf der ganzen Welt «gehört». Seine Begrüssung war nun mit Heiterkeit stark gemischt, was ihn sicherlich wunderte, ohne dass er es zeigte.

Er spielte dann übrigens herrlich.

Richard Strauss' Oper «Salome» erlebte 1905, schon von der Dresdener Uraufführung an, einen der grössten Triumphe der Operngeschichte. Extrazüge aus weiten Teilen Europas brachten Zehntausende von begeisterten Hörern, es war noch eine Zeit ohne Rundfunk und Fernsehen, ja praktisch noch ohne Schallplatte.
Nur einer war über die «Unmoral» dieses Dramas entsetzt und empört: Deutschlands Kaiser Wilhelm II. Seine Äusserung:

> «Schade um den Strauss, den ich sehr geschätzt habe! Diese ‹Salome› wird ihm noch sehr schaden!»

Der Komponist baute aus den hohen Einkünften dieses Werkes seine prächtige Villa im bayerischen Garmisch-Partenkirchen, in der er dann sehr glücklich bis an sein Lebensende (1949) wohnte und die er allen Besuchern lächelnd vorzustellen pflegte:

> «Das ist der Schaden, den die ‹Salome› mir gebracht hat...»

In süddeutschen und österreichischen Gefilden bedeutet die Redewendung «etwas stehen lassen» soviel wie «es aufgeben, auf etwas verzichten». Im letzten Jahrhundert war es noch üblich, dass ein Musiker des Orchesters im Augenblick, da er ein ausgedehnteres Solo auszuführen hatte, aufstand.
Besonders oft war dies natürlich beim Konzertmeister der Fall. Bei den Wiener Philharmonikern sass lange Zeit ein sehr guter Geiger namens Blau an diesem verantwortungsvollen Platz. Er war im Dienste ergraut und seine Hände begannen zu zittern, was den Soli nicht gerade zu Vorteil geriet.
Wieder einmal war er aufgestanden und hatte in einem grossen Konzert eine heikle Solostelle mehr schlecht als recht zu Ende geführt. Hellmesberger, der Witzbold, sagte zu ihm:

«Hättest besser getan, sitzen zu bleiben und das Solo stehen zu lassen...»

Die meisten Anekdoten und auch Spässe werden auf Tourneen geboren, was durchaus begreiflich ist. Die ungewohnte Umgebung, die sich in allem ausdrücken kann – Klima, Unterkunft, Essen, fremder Saal, fremdes, zumeist fremdsprachiges Publikum usw. – verleitet zu komischen Episoden oder ihrer nachträglichen Erfindung.

Der prominente Wiener Philharmoniker und langjährige Obmann dieser illustren Vereinigung – die Wiener Philharmoniker bilden seit der Gründung im Jahre 1842 einen Verein, der völlig demokratisch seine Leitung, ja sogar seine Dirigenten selbst wählt – erzählt (in seinem so instruktiven wie amüsanten Buch ‹Philharmonische Begegnungen› – von jener heute schon sagenhaften Südamerika-Tournee des Jahres 1923 unter Richard Strauss.

Der Meister hatte in bewundernswürdiger Frische 32 Konzerte und Opernaufführungen dirigiert, als noch ein letztes Konzert auf der Heimreise im nordöstlichen Brasilien vorgesehen war, in der wunderschönen, wenn auch nicht sonderlich «klassisch-musikalischen» Stadt Bahia. Strauss hatte ein Telegramm erhalten, so rasch wie möglich in sein Direktionszimmer der Wiener Oper zurückzukehren – was damals von Brasilien ohnedies 3 Wochen in Anspruch nahm! Also ging er nicht mit den anderen von Bord, sondern reiste gleich weiter. Die Leitung des Konzerts in Bahia wurde dem Solooboisten und langjährigen Vorstand Alexander Wunderer übertragen, einem glänzenden Musiker, der alle Werke bis in die letzte Einzelheit beherrschte.

Sein Erfolg war durchschlagend, so dass während und nach dem stürmisch bejubelten Konzert niemand es wagte, dem Publikum zu sagen, dass der Ricardo Strauss, der da vor ihm stand, nicht echt war. Wer überhaupt je ein Bild des grossen Komponisten gesehen hatte, fand in dem beiden gemeinsamen schütteren Haarwuchs – sprich Glatze – eine Ähnlichkeit und Wunderers Spitzbart konnte schliesslich Ricardo Strauss während der wochenlangen Tournee zugewachsen sein…

Ob Wunderer sich kränkte, als die Presse von Bahia seine tadellose Leistung Ricardo Strauss zuschrieb, ist nie bekannt geworden.

Der Wiener Philharmoniker Camillo Öhlberger hat ein reizendes Büchlein herausgebracht, in dem er, noch dazu in sehr humoristischer Reimform, manche köstliche Anekdote rund um seine Orchesterkameraden publizierte («Philharmonische Kapriolen»). Da erzählt er von «Papa Schieder», dem Kontrafagottisten, dem einmal auf einer Tournee ein Kamerad einen Streich spielte und der sich glänzend dafür revanchierte:

Der Kamerad war mit Kollegen die Wette eingegangen, Papa Schieder werde heute Abend sein Gulasch mit dem Löffel verzehren. Nach dem Konzert ging das Orchester, sehr hungrig, in ein Restaurant. Dort unterrichtete der Witzbold heimlich den Kellner, Schieder sei ein Anstaltsinsasse auf Abendausgang, worauf der Kellner auf diesem Platz Messer und Gabel schleunigst vom Tisch nahm. Vergeblich verlangte Schieder, immer wütender, den sofortigen Ersatz des Bestecks. Das Gulasch stand längst vor ihm und dampfte so appetitlich, die Gefahr des Kaltwerdens erschreckte den Hungrigen, und da ass er eben mit dem Löffel. Er lächelte zwar, als man ihm den Übeltäter verriet, aber ungestraft sollte der glückliche Wettengewinner nicht davonkommen. Am nächsten Tag stieg das Orchester in einen Zug, um in die im Reiseplan folgende Stadt zu fahren. Im Coupé des Witzbolds sass eine attraktive junge Dame, mit der dieser rasch in eine immer intimer werdende Konversation geriet.

Er liess sein ganzes Register von Charme und Verführungskunst spielen und es sah durchaus nach einem baldigen Erfolg aus. Da trat die junge Dame auf den Gang, um für einen Augenblick der Hitze des Abteils zu entrinnen.
Flugs trat Papa Schieder an ihre Seite und unterrichtete sie – wie er es für seine «Pflicht» hielt – darüber, dass ihr so stürmischer Gesprächspartner der auf Kurzurlaub befindlicher Insasse einer psychiatrischen Klinik sei, den er zu betreuen habe…
Der Verführer verstand nicht warum die Dame schnell das Coupé wechselte und für ihn unerreichbar blieb. Er fand zwar die Revanche stark übertrieben, aber am Abend musizierten die beiden Spassvögel wieder einträchtig miteinander; die Privatfehde war beigelegt.

Der Wiener Impresario Hugo Knepler war einer der witzigsten Männer des alten Österreich. Von ihm liessen sich Anekdoten seitenweise erzählen.

Er war der Manager zahlreicher berühmter Künstler, aber er liess es sich auch angelegen sein, junge Solisten zu fördern, für sie Konzerte zu arrangieren, durch die mancher von ihnen zu Ruhm und Ansehen gelangte.

Natürlich hatte jeder von ihnen, Anfänger wie Star, den Wunsch, der Manager möge seinem Konzert beiwohnen. Das war aber unmöglich, denn es gab Abende, an denen zwei, drei, vier Schützlinge Kneplers auftraten, in verschiedenen Sälen, zur gleichen Zeit.

Was sollte er nun antworten, wenn noch am gleichen Abend oder am nächsten Tag einer der Geiger, Pianisten, Cellisten, Sänger erwartungsvoll fragte:

«Nun, wie haben Sie meinen Schubert gefunden?»

«Was sagen Sie zu meinem Beethoven?»

Sollte er sie kränken mit der wahrheitsgemässen Aussage, er sei nicht oder nur einen Teil des Abends im Saal gewesen?

Und so erfand er zwei Sätze, die genau den Tatsachen entsprachen und doch die Brust der Künstler schwellte:

«Noch nicht dagewesen, wie Sie das gespielt haben!» und

«Ganz weg gewesen, wie Sie das gesungen haben…»

Wie gut, dass es Worte mit Doppelbedeutung gibt und dass «es der Ton ist, der die Musik macht», die Betonung.

Knepler, ein glänzender Kartenspieler, der es bis zu zirkusreifen Kartenkunststücken gebracht hatte, wurde manchmal von einem berühmten Dirigenten zu dessen Lieblingskartenspiel hinzugezogen, wenn der üblichen Runde ein vierter Mann fehlte. Er fand die strengen Disziplinvorschriften des Dirigenten für den «gemütlichen» Kartentisch lästig und sann darauf, wie er diesem einen Streich spielen könnte. Einmal, vor einer Partie, wandte er sich mit rührendem Unschuldslächeln an den Dirigenten:

«Herr Generalmusikdirektor, wenn Sie schon das Reden beim Spiel nicht gestatten, – aber singen werden Sie doch hoffentlich erlauben?»
«Niemals, lieber Herr Knepler, niemals!».
«Aber wenigstens pfeifen?»
«Dann höre ich sofort auf! Sofort!»

Knepler spielte ruhig wie immer. Dann begann er leise die ersten Takte des Mendelssohn-Violinkonzerts vor sich hin zu pfeifen, genau bis dahin, wo die Melodie unbedingt nach einer Fortsetzung verlangt. Er hatte sich nicht verrechnet. Ganz im Gedanken pfiff der Dirigent die notwendige Fortsetzung. Knepler sprang auf:

«Ich spiele nicht weiter, der Herr Generalmusikdirektor hat gepfiffen!»

Der Schreck des Dirigenten soll unbeschreiblich gewesen sein...

Böhm über seinen Sohn Karl-Heinz, der soeben in einem Film Beethoven verkörpert hatte:

> «Wissen's, der Bub ist so begabt, so begabt, sag ich Ihnen... der hat sich ganz in die Rolle eingelebt, aber vollständig... jetzt hört er schon nix mehr...»

Von der Anfälligkeit der Kontrabassisten für Spott und Scherz war schon die Rede. So wird auch erzählt, ein Professor dieses Instruments an einer Hochschule habe den Unterricht bei den Neulingen mit dem Satz begonnen:

> «Der Kontrabass ist ein sehr schweres Instrument. Greift man um nur 5 Zentimeter daneben, entsteht schon ein anderer Ton...»

In Anekdoten um berühmte Musiker werden manchmal deren Gattinnen einbezogen, und selten in schmeichelhafter Weise, wie es ihrem Geschlecht doch eigentlich zustünde. Von Pauline, der äusserst resoluten Gattin Richard Strauss', geht eine Fülle von Bonmots um.

Der durchaus dynamische, führungsstarke, selbstsichere Meister war, um es milde auszudrücken, «Wachs in ihren Händen». Sie hatte die unumstössliche Hausordnung aufgestellt und duldete nicht die mindeste Abweichung: 8–13 Uhr komponieren, wenn notwendig proben, 13–14 Uhr Mittagsschlaf, 16–18 Uhr Skat-Spiel mit Freunden. Abends dirigieren.

Ob es nicht gerade dieses feste «Gerüst» seines Lebens war, das Strauss das Gefühl von Ruhe, Sicherheit und Glück gab und aus dieser Ehe eine der besten machte, die im weiten Bereich der Musik überhaupt zu finden war, soll hier nicht untersucht werden. Nur eine kleine Episode sei erwähnt, die von der legendären Pauline erzählt wird.

Der 60. Geburtstag des Meisters rückte heran. Zu den Gratulanten wollten natürlich auch und in vorderster Linie die Wiener Philharmoniker gehören. Ihr Bläserensemble, zweifellos eines der besten der Welt, vereinbarte mit der Wirtschafterin des Strauss'schen Palais, am Morgen des Geburtstags heimlich eingelassen zu werden, in der Halle Aufstellung zu nehmen und um Punkt sieben Uhr ein Ständchen zu bringen.

Sie hatten unvorsichtigerweise die Rechnung ohne die Wirtin gemacht. Am 11. Juni goss es in Strömen, Sturmwind fegte durch die Strassen. Pünktlich ein Viertel vor Sieben waren die philharmonischen Bläser vor dem Tor, das ihnen wie von Geisterhand geöffnet wurde.
Um nicht entdeckt zu werden, mussten sie den Weg durch den Garten einlegen, wobei viel Erde und Lehm in dicken Schichten an ihren Schuhen klebte und ihre Gewänder vor Nässe tropften.
So wollten sie gerade in der Halle ihre Pulte und die Instrumente auspacken, als im ersten Stock die Türe eines Schlafzimmers geöffnet wurde und Frau Pauline erschien.
Alle auf die Münder gelegten Zeigefinger vermochten die Gattin des Gefeierten nicht von ihrem Wutausbruch abzuhalten: Zum Schutze ihrer Teppiche und Möbel machte Frau Pauline von ihrem unleugbaren «Hausrecht» unbarmherzig Gebrauch und warf die immerhin berühmten Gäste, die in allerbester Absicht gekommen waren, hinaus, ohne dass diese auch nur einen einzigen Ton geblasen hatten.
Strauss soll, als er von dieser Episode erfuhr, einen Lieblingssatz gesagt haben: «Ja, meine Frau ist manchmal etwas ruppig», und, wie immer, hinzugesetzt: «aber herzensgut…»
Womit das verunglückte Ständchen nicht mehr zu retten war.

Schlimmer, viel schlimmer scheint die «bessere Hälfte» des grossen Dirigenten Bruno Walter gewesen zu sein, der selbst die Geduld und Güte in Person war. (Hätte er sonst Mozart so unnachahmlich dirigieren können?)
Die Frau Walter war der Schreck manchen Theaters, wo sie ihrem Gatten, dem Direktor dieser Häuser, in vieles oder alles hineinzuregieren pflegte.
In Wien war lange Zeit Franz Schalk zuerst Mitdirektor mit Richard Strauss, dann Alleinchef der zur Staatsoper gewordenen einstigen Hofoper. Er erkannte Bruno Walters aussergewöhnliche Fähigkeiten, hütete sich aber vor einer Berufung, da er dessen Gattin als Gefahr für den Frieden des Hauses ansah. Schalk war ein Witzbold, allerdings war sein Humor recht schwarz und oft sehr bitter. Er soll es noch am Totenbett bewiesen haben.
An seinem Lager weilten engste Mitarbeiter, im leisen Gespräch war auch von Bruno Walter die Rede. Der Sterbende versuchte zu singen, es ging aber nicht mehr. Da flüsterte er mit letzter Kraft:

«Fidelio, zweiter Akt, Quartett, Leonores Schrei...»

Die anwesende Musiker wussten sofort, was er meinte:

«Töt' erst sein Weib!»

Sie wussten nur in dieser Situation nicht genau, ob sie lachen durften...

Franz Mittler, hervorragender Pianist der Wiener Zwischenkriegszeit, Begleiter zahlreicher Sänger sowie der legendären Deklamationsabende Karl Kraus', besass eine besondere Neigung zu den fast ausgestorbenen Wortspielen der «Schüttelreime», die viel später von Friedrich Torberg herausgegeben wurden. Zum Thema «Richard Wagner» fielen ihm beispielsweise folgende ein:

    «Bitte, wohnt hier der singende Drache?
    Ich hab für ihn ein dringende Sache!»

oder:

    «Das ist die Brünnhild,
    die vor sich hinbrüllt…»

oder:

    «Durch des Feuerzaubers beizenden Rauch
    sieht man noch Brünnhildes reizenden Bauch.»

Druckfehler verunstalten manchmal den schönsten literarischen Text und manchen Zeitungsartikel. Mitunter aber können sie auch unterhaltsam sein, ja sogar ungewollt bedeutungsschwer. Ich will gar nicht von jenem Schweizer Blatt sprechen, das einmal anstelle des «Platzkonzerts der Vereinigten Blasmusiker» deren «Patzkonzert» ankündigte, was man vielleicht als übergrosse Bescheidenheit auslegen könnte. Nein, hier sei auf einen Zeitungstext verwiesen, der bei Ende der «Ära Schalk» in der Direktion der Wiener Staatsoper nicht, wie er zweifellos wollte, nach einer «integrierenden Persönlichkeit» rief, also einem starken Mann, der alle Kräfte um sich zu vereinigen imstande sei, – sondern nach einer «intrigierenden Persönlichkeit», die dieses Erbe würdig antreten könne. Wer Schalk näher gekannt hatte, empfand diesen kleinen Fehler als durchaus sinnvoll.

Die Anekdoten rund um Richard Wagner sowie die zumeist sehr bösen Witze, die seine zahlreichen Gegner – übrigens erfolglos – über ihn ausgossen, füllen ein Buch. Manche, nicht allzuviele, haben Geist und Humor, sie sollen auch in unserem Büchlein Platz finden. Natürlich rief sein «alliterierender» Sprachstil (Angleichung der Anfangslaute einer Reihe von aufeinanderfolgenden Worten) viel Spott und Parodie hervor.
So erfand eine Zeitung folgendes Gespräch zweier Wagnerianer:
«Schabst du Schello, schäbiger Schuft?»
«Nein, ich goge die Gige, geifernder Gauch!»

Der Fall der Oper «Cavalleria rusticana», die aus einem Wettbewerb hervorging und über Nacht in den – nun mehr als ein Jahrhundert dauernden – Welterfolg katapultiert wurde, gehört zu den grössten Seltenheiten.
Was den «alten Hellmesberger», den so oft zitierten Spassvogel unter den Wiener Philharmonikern, zu dem schönen Ausspruch veranlasste:

«Je preiser ein Werk gekrönt ist, desto durcher fällt es...»

Der in Berlin während seiner grossen Zeit sehr berühmte Dirigent Otto Klemperer trifft auf der Strasse seinen Freund, den Schriftsteller Peter de Mendelssohn.

«Hast du meine neue Einspielung der Schumann-Sinfonien schon gehört? Nein? Komm', hier ist ein kleines Schallplattengeschäft, gehen wir einmal hinein...»

«Haben Sie die Schumann-Sinfonien, von Klemperer dirigiert?»

«Nein, leider nicht...»

«Schade, sehr schade, ich bin nämlich der Klemperer!»

Der Schallplattenhändler bricht unwillkürlich in Lachen aus, er kann es nicht glauben, dass ein so berühmter Mann seinen Laden beehrt.

«Jetzt sagen Sie mir bitte nur nicht, der Herr mit Ihnen sei der Schumann!»

Klemperer sagt ernst:

«Nein! es ist der Mendelssohn...»

Die verhängnisvolle Kluft, die sich um den Ersten Weltkrieg herum zwischen Komponisten und Publikum aufgetan hat (und die es bis heute nicht zuzuschütten gelang), macht sich in vielen Anekdoten bemerkbar. Ein hierfür charakteristisches Wort wird Arnold Schönberg zugeschrieben, der zu einem seiner Schüler in der Zwölftontheorie gesagt haben soll:

«Wenn Ihnen meine Musik wirklich gefällt, dann haben Sie sie nicht verstanden!»

Zu Berlioz, dem seiner Bitterkeit gegenüber allen Fachgenossen wegen gefürchteten Komponisten, kam ein Musiker und bat ihn um eine Kollekte zum Begräbnis eines armen Musikkritikers um 5 Francs. «Da haben Sie 10, lassen Sie zwei begraben!»

Der Autor entzückender Musikbücher, Professor Alexander Witeschnik, hat viel über die grossen Wiener Musiker seiner Zeit erzählt. Von ihm stammt das nette Wort, dass es im Umgang mit Toscanini zwei wichtige Persönlichkeiten gegeben habe:

- seine Gattin, mit der alles Finanzielle zu regeln war,
- und sein Chauffeur, der die Autogramme gab…

Salomon Sulzer war jüdischer Kantor und besass eine der schönsten Stimmen im alten Österreich. Zu seinen Konzerten strömten Christen wie Juden. Clara Wieck, die Gattin Robert Schumanns und Pianistin, soll einmal in Wien Sulzer aufgesucht haben und gebeten haben, drei noch nie aufgeführte Lieder Schumanns «aus der Taufe zu heben». Der Kantor erwiderte:
«Madame, ich habe mit Taufen nie etwas zu tun gehabt, ich kann nur beschneiden: und dafür sind mir die Lieder Schumanns viel zu schade…»

Viele Legenden sind über das meteorhafte Auftauchen Toscaninis erzählt worden.

Eine italienische Operngruppe war in Rio de Janeiro gelandet. Am Abend sollte «La Traviata» über die Bühne gehen, aber im letzten Augenblick erkrankte der Dirigent und war nicht imstande, das Podium zu betreten. Da erbot sich der junge erste Cellist, die Vorstellung zu leiten und so den Abend im ausverkauften Saal zu retten. Er schob als erstes die Partitur beiseite und blickte sie den ganzen Abend nicht mehr an. Und doch vergass er keinen einzigen Einsatz, alle Musiker fühlten sich wohler und sicherer als je. Die Mär von dem neuen Wundermann lief um die Welt, und ein namhaftes europäisches Orchester lud ihn zu einem Konzert.

Es traute dem Wunder nicht ganz und es wollte, wie es oft bei Neulingen geschieht, den jungen Mann am Pult in der ersten Probe – auf dem wieder keine Partitur lag – auf die Probe stellen. Kaum begonnen, «irrte» sich der zweite Flötist, ein wenig später ein Kontrabassist, dann ein Geiger und so fort. Als Toscanini völlig ruhig blieb und bei keinem der Fehler unterbrach, frohlockte das Orchester bereits: es hatte diesen Pseudo-Dirigenten schnell entzaubert.

Der Sinfoniesatz ging zu Ende. Toscanini legte den Stab beiseite, sah in die Runde, schwieg einige Augenblicke und sprach dann sehr ruhig: «Im Takt 2 hat die zweite Flöte f statt fis geblasen, im Takt 38 haben die Kontrabässe ‹vergessen›, das erste Viertel zu punktieren, im Takt 87 steht ‹staccato›...»

und so ging es weiter, Fehler um Fehler. Dem Orchester verging der Atem. Toscaninis Stimme war nun immer lauter und drohender geworden: «...und wenn einer dieser Herren sich auch in Zukunft ‹irren› sollte, so hat er das letzte Mal in einem meiner Konzerte mitgespielt!!» Es hat Toscanini keiner mehr auf die Probe gestellt, sein Leben lang...

An Toscanini erinnere ich mich noch recht genau. Im Salzburger Festspielsommer des Jahres 1936 sollte er dort zum ersten Mal Wagners «Meistersinger von Nürnberg» dirigieren und eine Gruppe von jungen Wiener Musikern wurde aufgeboten, die schwierigen Rollen der «Meister» für den Meister vorzustudieren.
Auch ich war darunter und zitterte mit meinen Kollegen tagelang während dieser Proben, die – jeder mit einem Sänger allein, einem der besagten «Meister» – in kleinen Studierzimmern stattfanden.
Toscanini galt als unerbittlich jedem kleinsten Fehler gegenüber, seine plötzlichen Zornesausbrüche konnten sich zu unwahrscheinlichen Graden steigern. Er kam, war viel kleiner als wir geglaubt hatten, «mein» Sänger sang, zu meiner Klavierbegleitung, seinen Part vor, Toscanini nickte ihm mit dem Kopf zu, schlug mir auf die Schulter und sagte «benissimo!» und war schon wieder draussen. Es war mehr als die Schlussdiplome aller meiner Prüfungen, mehr als die beste Kritik, die ich erhalten konnte...

Karajan wurde nicht nur seines Dirigierens wegen schnell berühmt, sondern wohl auch wegen der langen «Konzentrationsminute», die er mit geschlossenen Augen völlig still auf dem Podium verbrachte, bevor er das Zeichen zum Beginn gab.

Die Orchester nördlich der Alpen kannten diese seine Gewohnheit bereits und liessen Karajan seine Eigenart. In der Mailänder Scala aber war ein solches Verhalten eine Neuigkeit. Karajan betrat den Orchesterraum, eilte mit fliegenden Schritten zum Pult und versank dort für längere Zeit in seine gewohnte Meditation. Nach einer Minute – wie lang ist eine Minute! – wollte der Konzertmeister ihm helfen und flüsterte ihm zu:

«Coraggio (Mut), Maestro!»

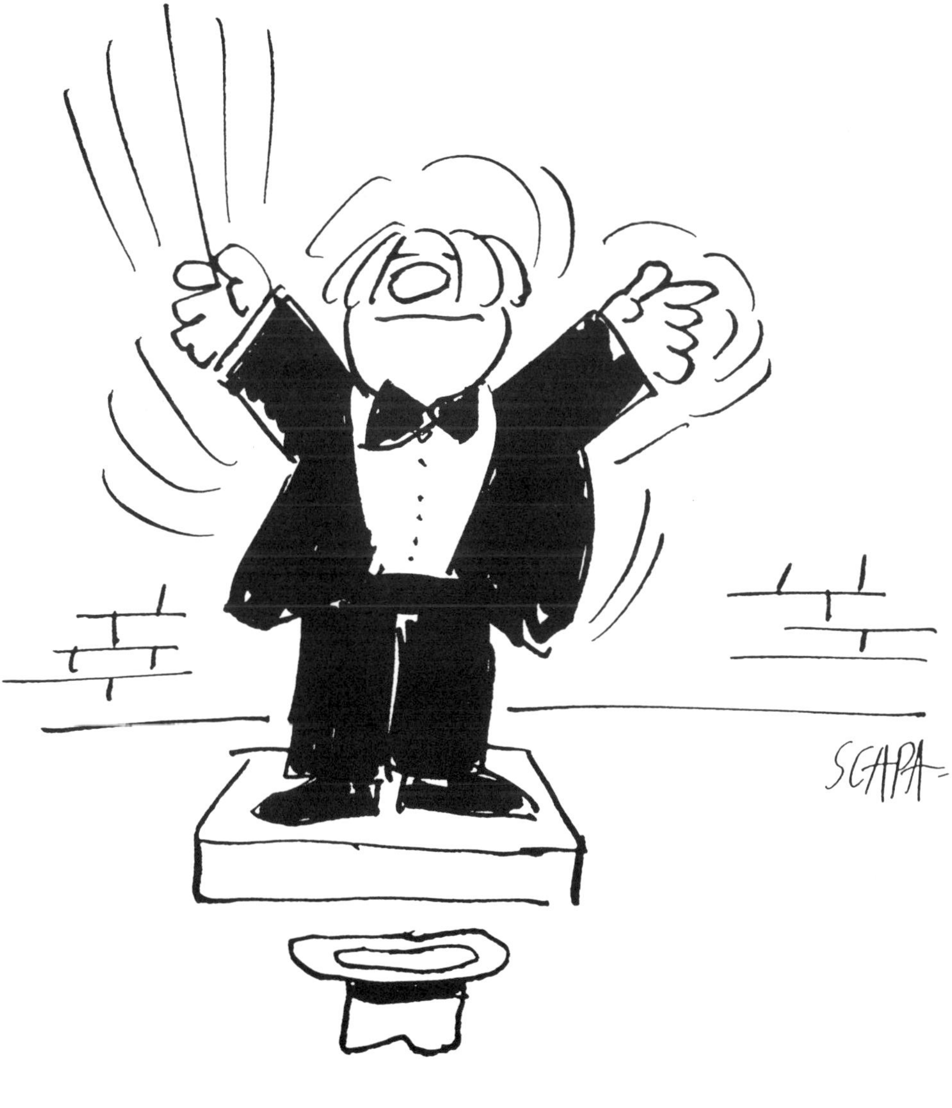
SCAPA

Ein namhafter Musikwissenschaftler hält einen tiefgründigen und äusserst langen Vortrag. Am Ende fordert er seine Hörer auf, ihm Fragen zu stellen. Ganz hinten sitzt Klemperer, den der Vortragende mit Stolz bemerkt hat.
Der Gast hebt nun seine Hand und spricht gewichtig, wie er es, besonders nach seiner schweren Krankheit, die ihn für längere Zeit gelähmt hatte, zu tun pflegt:

«Wo sind hier die Toiletten?»

Franz Liszt, schon zu Lebzeiten eine Legende, war stets von einem Schwarm junger Pianisten umgeben, die ihm von Stadt zu Stadt nachreisten, um in einem von des Meisters wenigen freien Augenblicken eine «Klavierstunde» von vielleicht nur wenigen Minuten Dauer zu erleben.
Niemand hat jemals ein böses oder auch nur ungeduldiges Wort aus seinem Munde vernommen. Er war ein Grandseigneur und ein überaus gütiger Mensch dazu. Wenn bei einer der Schülerinnen – die weitaus in der Mehrzahl waren – das Fehlen jeglicher Begabung allzu deutlich war, pflegte Liszt sie mit väterlicher Gebärde auf die Stirn zu küssen:

«Heiraten Sie, mein Kind...»

Karl Böhm, der über sehr lange Zeit etwas Trockenes, Schulmeisterliches an sich hatte, bevor er in höherem Alter zum wirklich guten Dirigenten wurde, war stets das Ziel vieler, oft recht boshafter Anekdoten.
Während eines von ihm geleiteten Konzerts soll es einmal zu einem Kurzschluss gekommen sein. Die Wiener Philharmoniker aber unterbrachen ihr Spiel nicht, sie führten die Mozartsinfonie bravourös zu Ende, erweckten Bewunderung und verhinderten vielleicht sogar eine gefährliche Panik.
Gleich nach dem Schlussakkord kehrte das Licht wieder, stürmischer Beifall belohnte das Orchester, das mit einem festgefügten Akkord das Stück beendet hatte. «Ja, ja», meinte Böhm da treuherzig, «i hab ja auch im Finstern weiterdirigiert!»

Richard Pahlen galt schon in seiner Jugend als einfühlsamer, unerreichter Liedbegleiter im Wien der Jahrhundertwende. Eines Tages suchte ihn ein äusserst mässig begabter, aber zudringlicher Sänger in seiner Wohnung auf und wollte ihn zu einem Konzert überreden. Pahlen lehnte ab. Während er seinen ungebetenen Gast zur Haustür brachte, sagte dieser:

«Sie sollten sich nicht immer nur auf das Begleiten beschränken...»
Worauf der Künstler erwiderte:

«Sie irren sich, ich begleite Sie gar nicht, ich weise Ihnen nur die Türe...»

Karajans Ausnahmestellung in der Musikwelt war längst gefestigt, als der in den USA schon sehr populäre Leonard «Lenny» Bernstein vehement in die europäischen Musikzentren einbrach. Er war so ziemlich das Gegenteil von Karajan, und dessen Abneigung gegen den nicht viel jüngeren «Kollegen» zeigte sich hie und da, wenn auch stets die Formen gewahrt wurden.
Eines Tages zeigte man Karajan in einem Schloss die dort aufbewahrte, Jahrhunderte alte Krone, die über und über mit Edelsteinen besetzt war.
Scherzend fragte der Schlossherr den berühmten Dirigenten, ob er diese Krone je aufsetzen würde, wenn sie ihm gehörte. Karajan schüttelte, ein wenig düster, den Kopf.

«Was denn würden Sie damit tun, Meister?»
«Den Bernstein da in der Mitte herausnehmen…»

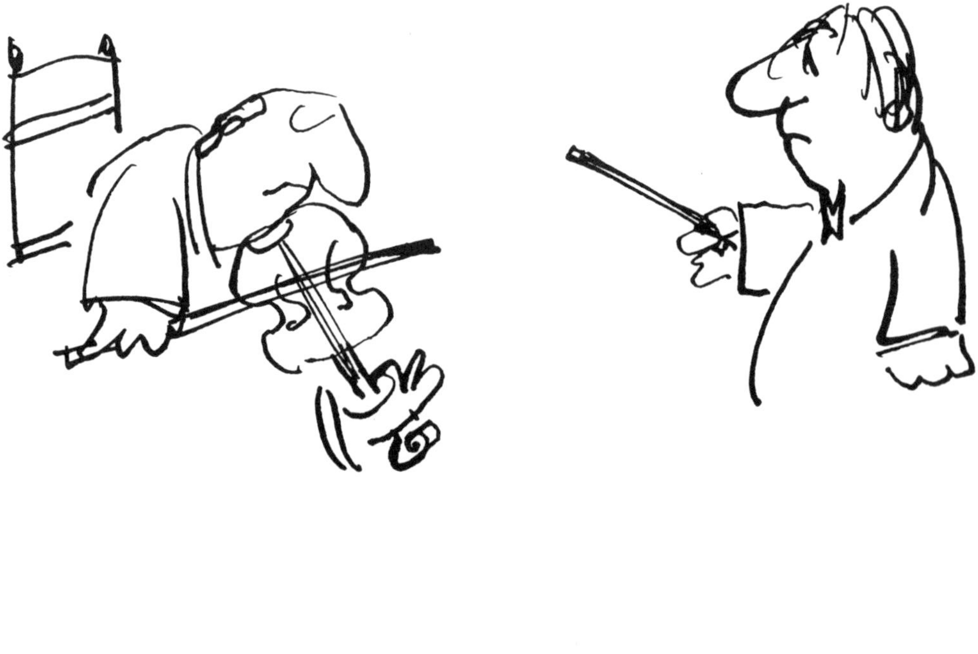

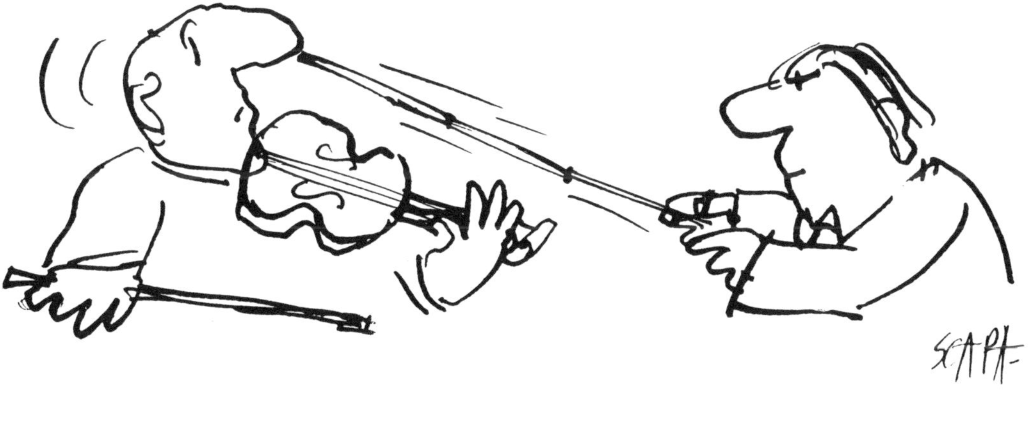
SCAPA

Hans von Bülow, ein heute fast sagenhafter Kapellmeister aus der Wagner-Zeit – erster Dirigent des «Tristan», erster Gatte der späteren Wagner-Gattin Cosima – muss seine «Eigenheiten» gehabt haben.
Es heisst von ihm, er habe beim Dirigieren stets weisse Glacéhandschuhe getragen. Und er soll vor dem Beginn des zweiten Satzes in Beethovens «Eroica», des berühmten Trauermarsches also, diese weisse Handschuhe auf dem Podium gegen schwarze vertauscht haben, die ein Diener ihm auf einem silbernen Tablett reichen musste.

Weil wir gerade von älteren Zeiten sprechen: Brahms war gar nicht so humorlos, wie ihm oft nachgesagt wird. In Wien, wo er bekanntlich mehr als 30 Jahre lebte, besuchte er gerne jene rauschenden und lebensfrohen Bälle, für welche die Kaiserstadt berühmt war. Aber er tanzte nie. Er sass dann meistens in der Loge seines guten Freundes, des «Walzerkönigs» Johann Strauss. Der weilte zumeist auf dem Podium, um seine so überaus populären Weisen zu dirigieren. Da trat ein junges Mädchen in die Loge, blickte sich nach dem «Walzerkönig» um, der gerade nicht da war, erkannte Brahms und bat diesen um ein Autogramm auf ihren Fächern. Brahms zog fünf Notenlinien, setzte die Anfangsnoten des Donauwalzers hinein und schrieb darunter:
    «Leider nicht von mir. Johannes Brahms.»

Der seinerzeit sensationell erfolgreiche Pianist Moritz Rosenthal erschien aus irgendeinem Grunde zur Audienz beim österreichischen Unterrichtsminister, der, ganz gegen Wiener Gepflogenheiten, seinen Besuchern gegenüber von grosser Unhöflichkeit und Überheblichkeit war. Er liess seinen Gast zuerst eine halbe Stunde im Wartezimmer auf und ab gehen, da die drei oder vier bereitgestellten Stühle durchwegs besetzt waren. Als Rosenthal dann das «Allerheiligste» betreten durfte, bot ihm der Minister keinen Platz an, während er zu sprechen begann. Da sagte Rosenthal:

«Exzellenz, stehen tue ich nur im Lexikon…»

Die Proben für eine Opernpremiere folgen einem längst festgelegten, zum Ritual gewordenen Ablauf: Soloproben, Ensembleproben, Sitzproben, Orchesterproben, technische Proben, Beleuchtungsproben...
Die letzteren liegen dem Regisseur natürlich am Herzen, aber mehr als drei bis vier, in seltenen Fällen fünf oder sechs sind kaum vorgesehen. Karajan aber war ein Fanatiker der Beleuchtung. Die genauen Scheinwerfer-Einstellungen waren für jede Minute genau festgelegt.
Böse Zungen behaupteten allerdings, das sei völlig sinnlos gewesen, da es zuletzt bei Karajan-Inszenierungen doch nur völlige Finsternis auf der Bühne gegeben habe.
Am ärgsten trieb Karajan diese Probemanie während seiner Wiener Operndirektionszeit, wo er als Herr des Hauses über die Probepläne selbst verfügte. Und so kam es einmal zu einem lustigen Zwischenfall.
Als der Meister wieder einmal eine Beleuchtungsprobe zu Debussys «Pelléas et Mélisande» angesetzt hatte, fand er das Haus festlich beleuchtet.
Der Beleuchtungschef trat ihm feierlich entgegen, überreichte ihm einen Lorbeerkranz, den Karajan verdutzt entgegennahm. Dann las er die Schleife:
> «Unserem verehrten Direktor zur Erinnerung an die 75. Beleuchtungsprobe zu ‹Pelléas et Mélisande›. Das gesamte Personal des Hauses.»

Diese Anekdote würde nach 1830 in Paris – und bald darauf in der ganzen Welt – viel kolportiert: Chopin, der soeben nach Paris gekommen war (das er nie wieder verlassen sollte, da in seiner polnischen Heimat immer noch die Russen herrschten, um derentwillen er sein Land verlassen hatte), hatte kurz nach der Ankunft mit dem etwas jüngeren, aber schon berühmten Franz Liszt Freundschaft geschlossen, der nun alles daran setzte, seinem Kollegen den Weg in die Öffentlichkeit zu bahnen. Eines Abends nahm er ihn in eine elegante Gesellschaft mit, wo er gelegentlich, umjubelt wie immer, zu spielen pflegte.

Wieder wurde er gebeten am Flügel Platz zu nehmen. Er tat dies, aber er äusserte zugleich den Wunsch, er wolle im Dunkeln spielen, man möge also die Kerzen löschen.

Dann erklang eine lange, glänzende Improvisation, bei deren Ende der Beifall keine Ende nehmen wollte.

«So spielt nur Liszt! Nur Liszt!»

Da liess er die Lichter wieder entzünden und aus einer andere Ecke des Saals erscholl seine Stimme:

«Sie irren, meine Damen und Herren…»

Am Flügel sass der unbekannte junge Mann, den er an diesem Abend mitgebracht hatte: Frédéric Chopin, dessen Stern in jener Nacht aufging…

Anton Bruckner war von Kaiser Franz Joseph mit einem Orden ausgezeichnet worden. Nun musste er sich in sein bestes Gewand werfen und vor Seiner Majestät zur Dankaudienz erscheinen. Die verlief leutselig, aber ein wenig schwerfällig: der Kaiser verstand nichts von Musik und Bruckner war der schüchternste und unbeholfenste Mensch, der je zur Audienz erschien. Schon hatte er dreimal gesagt: «Ich dank Ihnen sehr herzlich, Majestät», als er sich aufraffte und auf die Aufforderung des Kaisers einen «Wunsch» äusserte:

«Könnten Majestät nicht so lieb sein, dem Herrn Kritiker Hanslick sagen, er soll nicht so bös gegen mich schreiben…?»

Der Kaiser lächelte, ehrlich bedauernd:

«Mein lieber Bruckner, gerade das kann ich leider nicht…»

Österreich war ein Staat mit weitgehender Pressefreiheit. Und so verabschiedete Bruckner sich traurig und nachdenklich; wie fast alle Untertanen Franz Josephs hatte er diesen für allmächtig gehalten…

Einen berühmten Dirigenten hatte es einmal, weiss Gott wie, in eine Kleinstadt verschlagen, sagen wir: nach Castrop-Rauxel. Er vergass, seine in Wien und Berlin geübten Ansprüche herabzuschrauben und brachte das brave Provinzorchester tüchtig ins Schwitzen.
Nach einem grossen und schwierigen Solo der Oboe klopfte er ab und sagte:
«Sie haben leider nicht beachtet, dass der Komponist hier ‹pianissimo› vorgeschrieben hat...»
Beim zweiten Mal, in dem der Oboist sich gewaltig anstrengte, unterbrach der Dirigent schon nach wenigen Takten und sagte leutselig, wenn auch bereits mit kleinem Stirnrunzeln:
«‹Pianissimo›, mein Lieber, ‹pianissimo›! Was Sie da spielen, ist bestenfalls ‹piano›...»
Worauf der Oboist, mit ein ganz wenig Trauer in der Stimme, erwiderte:
«Wenn ich diese Stelle ‹pianissimo› blasen könnte, wäre ich ja nicht in Castrop-Rauxel, Herr Kapellmeister...»

In einer bezaubernden Schweizer Kleinstadt lebte einmal ein echter Theaterfanatiker. Er war nicht etwa dort geboren, denn echte Theaterfanatiker waren in dem wunderschönen Städtchen etwas Unbekanntes. Es gab ja auch kein Theater in... Nun: nennen wir den Namen ruhig, denn durch den seltsamen Mann, von dem wir erzählen wollen, gab es eben dann bald doch ein Theater in Solothurn. So klein wie die Stadt, aber so hübsch und so irgendwie anheimelnd, wie alles in Solothurn. Und nicht nur dort spielte das Theater, sondern auch in der Nachbarstadt, dem industriellen Biel, wo sich deutsch und französisch miteinander vermengen, und in anderen Städtchen einer bis dahin recht theaterfremden Region.
Der Theaterfanatiker hiess Leo Delsen und war, wohl durch die so unerfreulichen Ereignisse im damaligen Deutschland, nach Solothurn verschlagen worden. Eine Stadt ohne Theater? Das ging gegen Leo Delsens heiligste Auffassung. Und er gründete das «Städtebundtheater».
Fast ohne Geld und im Anfang fast ohne Publikum spielte Leo Delsen Klassiker und Lustspiele, Operetten und – zweimal im Jahr – Opern. Dazu musste er sein winziges Orchesterchen aufstocken, vor allem zwei Hörner im nicht sehr fernen Bern engagieren.
Wieder einmal stand eine Oper – von Verdi! – auf dem Spielplan und Delsen nahm zur Generalprobe im Parkett Platz, in der ersten Reihe, gleich hinter dem Kapellmeister, von wo aus er «sein» Orchester stolz überblicken konnte, wie ein Feldherr seine Armee am Vorabend der Schlacht. Er glänzte stolz und

zufrieden, er hatte auch allen Grund dazu! Aber bald verdüsterte sich seine Miene: Da sassen die beiden Hörner, die ihn viel Geld kosteten. Am Anfang hatten sie zwei oder drei Töne geblasen, nun aber sassen sie wie gelangweilt da und spielten nicht.

Delsens Zornesader schwoll an. Schliesslich hielt er sich nicht länger, er sprang auf, unterbrach die Probe und schrie die Hörner an:

> «Was treiben Sie da, meine Herren? Ich habe Sie zum Spielen engagiert, für teueres Geld, und nicht zum in die Luft schauen!»

> «Wir haben hier Pause, Herr Direktor!» antwortete der eine der Hornisten. «Da steht es klar und deutlich!»

Und er hielt sein Notenblatt dem «Chef» entgegen.

> «Wenn da ‹Pause› steht, so streichen Sie es sofort aus! Hier sind Sie zum Spielen engagiert, also spielen Sie!»

Der Kapellmeister hatte grosse Mühe, seinem Direktor die Sachlage zu erklären und zu versichern, die Hörner würden bestimmt spielen, wenn die Reihe an sie käme...

Und vom gleichen Leo Delsen – einem der liebenswertesten Menschen, die ein Theater je hatte – wird auch erzählt, er habe einmal bei der Probe einer Operette den Kapellmeister unterbrochen:

> «Nein, nein, nicht so! Einen echten Wiener Walzer bitte! Schwungvoll, so Eins-Zwei, Eins-Zwei...»

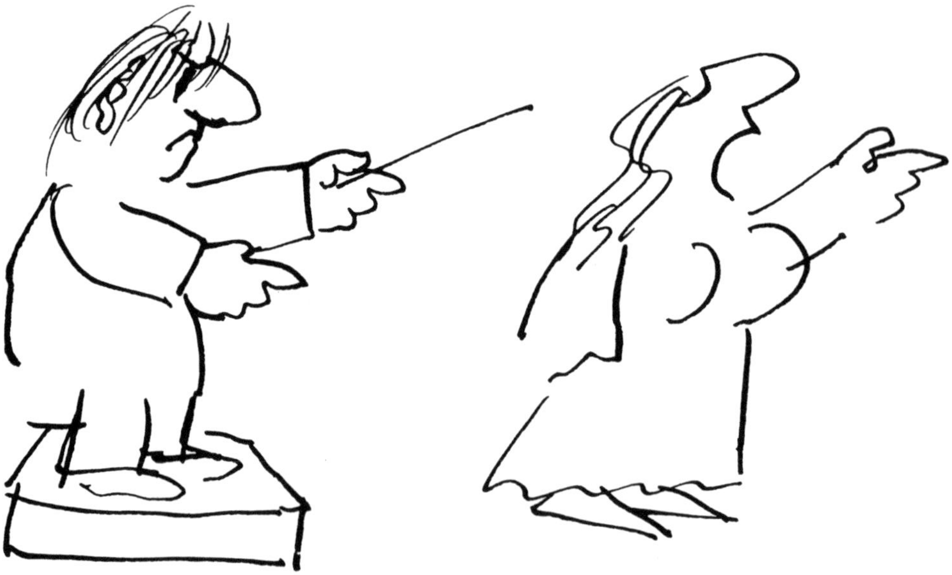

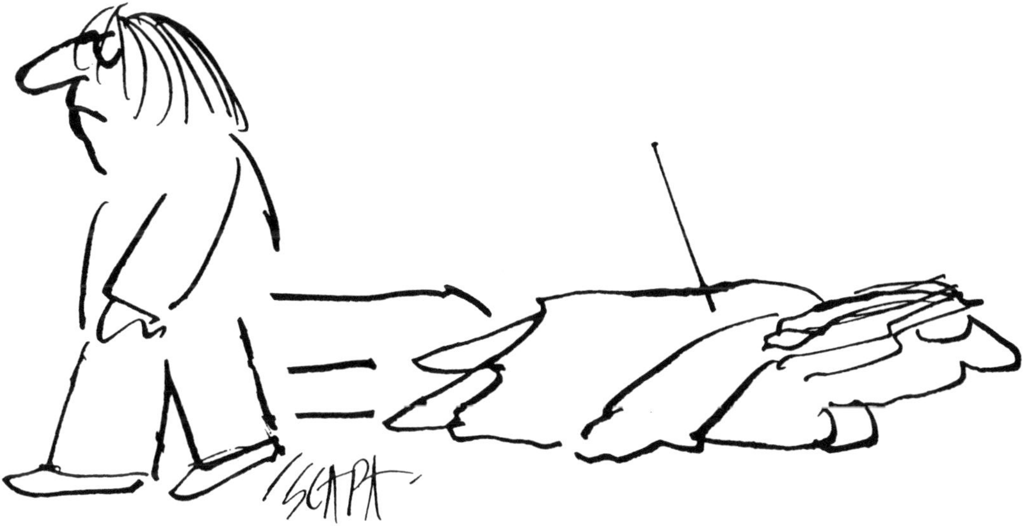
SCAPA

Dimitri Mitropoulos, einer der ganz Grossen in Bereich des Taktstocks, war einzigartig in seiner Herzensgüte und Menschlichkeit. Der gebürtige Grieche, dessen Stern in den USA aufging und der schliesslich in allen Musikzentren auch der Alten Welt leuchtete, antwortete einmal auf die Frage, warum er einen Musiker, der sich schwer gegen die Orchesterdisziplin vergangen hatte, nicht einfach hinauswarf, wie jeder andere es getan hätte:

> «Lange noch bevor ich lernte, Noten zu lesen, hab ich gelernt, die Menschen zu lieben...»

(Mitropoulos wurde dafür – von Gott, an den er felsenfest glaubte – mit dem schönsten Musikertod belohnt, der denkbar ist: er starb während des Dirigierens am Pult der Mailänder Scala.)

Öhlberger erzählt, in witzigen Versen natürlich, vom Tubabläser in Geldnöten. Sein Orchester soll ein «Extrakonzert» geben und «Extradienste» werden «extra» bezahlt, was ihm in diesem Augenblick sehr zugute kam.
Leider aber enthält das Programm kein einziges Stück, in dem eine Tuba benötigt wird. Er schafft schnell Abhilfe und ergänzt die Partitur der «Schönen Blauen Donau» um ein Paar Tubatöne. Welcher Dirigent würde das bemerken, wenn mitten im Fortissimo des gesamten Klangkörpers die Tuba gemeinsam mit den Posaunen einige «Verstärkungstöne» bliese? Alles ging glänzend, der Musiker freute sich schon auf das sicher gleich auszubezahlende «Extrahonorar» – da erfuhr er, dass es sich um ein Wohltätigkeitskonzert gehandelt hatte, bei dem das Orchester sich natürlich umsonst zur Verfügung gestellt hatte...

Ein hochgeschätztes Mitglied der Wiener Staatsoper, Kammersänger Alfred Piccaver, Besitzer einer wunderbar lyrischen Tenorstimme, war ein gefürchteter «Absager». Bevor er nicht auf der Bühne stand, war niemand sicher ob er auch wirklich singen oder «wegen plötzlicher Indisposition» absagen würde.

Als die Pläne für die kommende Saison einmal wieder getroffen wurden, besuchte der witzige Wiener Impresario Hugo Knepler seinen Schützling, um dessen Dispositionen zu besprechen. Er tat dies mit den sprichwörtlich gewordenen Worten:

«Herr Kammersänger, haben Sie für die nächste Saison bereits Ihre Indispositionen getroffen?»

In alte Zeiten weist folgendes Bonmot, das dem Habsburgerkaiser Karl VI. zugeschrieben wird. An dessen Hof stand, wie bei vielen Herrschern seines Hauses, die Musik in voller Blüte, er selbst komponierte, dirigierte, spielte glänzend Cembalo. Eben hatte er wieder in einem Schlosskonzert mitgewirkt, als sein Lehrer, der seinerzeit berühmte Barockmusiker Johann Joseph Fux, begeistert auf ihn zutrat:

«Majestät würden einen hervorragenden Kapellmeister abgeben!»
Worauf der Kaiser still erwiderte:

«Es geht mir auch so nicht schlecht…»

Der Pauker setzt mit einem Fortissimo-Paukenwirbel um eine Sekunde zu früh ein. Bernstein am Pult durchbort ihn mit seinem Blick und schreit auch noch «I kill you!» (Ich bring' dich um!) Die Probe ging weiter, nichts mehr geschieht, aber den Pauker plagt sein Gewissen. Was würde in der nun folgenden Pause geschehen?
Den Rest der Anekdote lesen wir bei Öhlberger nach:
> Wie das Orchester in der Pause
> sich drängelt zum Buffet, zur Jause
> Imbiss, in der Schweiz «z'Vieri»,
> steht Lenny Bernstein mittendrin,
> die Musiker umdrängen ihn.
> Er kneift den Pauker in den Arm:
> «I kill you», droht er, droht mit Charme,
> und sagt: «Tu' mir das nie mehr, nie! –
> Was trinkst du, Coffee oder Tea?»

Der langjährige Solo-Fagottist und Vorstand der Wiener Philharmoniker Hugo Burghauser erzählt eine Anekdote aus «alten Tagen». Da sass unter den Oboisten der Tausendsassa Strassky, der wirklich fast alle Instrumente spielen konnte.

Nun wollte er auch noch dirigieren; er fand ein paar Chöre, die sich entschlossen hatten, unter seiner Leitung ein Konzert zu geben. Von Bescheidenheit keineswegs angekränkelt, wählte Strassky die Neunte Beethovens. Hernach sprach ihn der berühmte Dirigent Hans Richter an, der 1876 den ersten Nibelungen-Ring in Bayreuth geleitet hatte, über zwanzig Jahre lang Leiter der Wiener Philharmoniker gewesen war und nun auf dem Direktorstuhl der Wiener Hofoper sass:

>«Sie dirigieren ja jetzt auch noch, lieber Strassky, – na, wie ist es denn gegangen mit der Neunten?»

>«Sehr gut, Herr Direktor! Ich hab' gar nicht gewusst, wie leicht das ist!»

Richter blickt sich verstohlen um, legt den Finger auf den Mund und sagt:

>«Nur nicht weitersagen – bleibt unser Berufsgeheimnis!»

Wäre es nur um Autogramme gegangen, Johann Strauss wäre auf seiner legendären Amerika-Tournee nicht in so arge Bedrängnis gekommen.
Aber immer wieder schlich sich ein exzentrischer Amerikaner nahe an den Wiener Meister heran und schnitt ihm, in unglaublicher Geschwindigkeit, eine Locke aus dem schönen, dichten schwarzen Haar (dessen Schwärze er allerdings ein klein wenig nachzuhelfen pflegte).
Es musste schleunigst Rat gefunden werden.
Da fiel des Meisters Blick auf seinen grossen, kohlrabenschwarzen und glücklicherweise dicht behaarten Hund. Man gab bekannt, dass Haarlocken des Komponisten gegen einen hohen Preis (zu wohltätigem Zweck) zu haben seien.
Der Hund, dem ohnedies im amerikanischen Sommer sehr heiss war, kam wie ein gerupfter Vogel nach Hause zurück.
Und alle Käufer waren glücklich und zeigten die Trophäe in einer Vitrine noch ihren Nachkommen…

In den zwanziger Jahren gab es ausser vielen anderen «Modernismen» in der Musik auch die Halbtonspaltung, die vorallem der tschechische Komponist Haba postulierte, auch «Viertelton-Musik» genannt. Danach wurde zwischen je zwei Tönen unserer Skala, die ja halbtönig voneinander entfernt liegen (C-Cis, Cis-D, D-Dis usw), ein «neuer Ton» eingeschoben. Nun ist das Hören von Halbton-Intervallen jedem Menschen ohne Schwierigkeiten gegeben, aber die viel kleineren Vierteltöne zu hören bereitet auch geübten Ohren Probleme.

Als das seinerzeit sehr berühmte Wiener Rosé-Quartett in einem Konzert eine solche Viertelton-Komposition zu Gehör brachte, fragte jemand die Spieler, wie sie das nur fertiggebracht hätten. Darauf antwortete Rosé:

«Wir haben einfach falsch gespielt, und dann waren es Vierteltöne...»

Aus meiner Studienzeit in Wien steht mir noch ein Erlebnis klar vor Augen. Der berühmte Leiter einer Dirigenten-Meisterklasse, der grosse Clemens Krauss, hatte fünf Schüler ausgewählt, um in einem Konzert unseres Anstalt-Orchesters je eine Ouverture zu dirigieren. Mich hatte er mit jener aus der «Verkauften Braut» Smetanas betraut, die ich auch glücklich zu Ende brachte, nachdem ich die einzige echte Schwierigkeit darin, den Auftakt zu Beginn, «gemeistert» hatte.

Doch nicht von mir ist hier die Rede, sondern von einem Kollegen, dem nur gastweise bei uns weilenden, als ungewöhnlich begabt geltenden Herbert von Karajan aus Salzburg. Ihm war das Schlussstück anvertraut, Wagners Ouverture zu «Rienzi». Sie beginnt mit dem Signal einer Solo-Trompete.

Unser Lehrer hatte Karajan genau vorgemacht, was er zu tun habe: mit kleiner Bewegung den Einsatz eine Zählzeit vorher vorzubereiten: 4,1, – dann würde der Trompeter ruhig und sicher wie gewünscht einsetzen.

Aber dem stets ein wenig eigenwilligen, wenn nicht gar rebellischen Karajan gefiel das nicht. Er murmelte uns zu: «Blödsinn...», machte aber in der Generalprobe alles genau wie befohlen.

Im Konzert aber, als wir die kleine Episode längst vergessen hatten, stieg er aufs Podium, blickte den Trompeter an und nickte ihm mit dem Kopf zu. Der Trompeter hegte keinerlei Zweifel an dieser Art des Einsatzes, er setzte ruhig und klar ein, er blies tadellos, vielleicht schöner als sonst, als wollte er sich für den Vertrauensbeweis revanchieren. Clemens Krauss aber hätte diesen eigenmächtigen Schüler am liebsten umgebracht. «Wirst es noch weit bringen, mein Lieber!», rief er ihm erbittert zu. Er hat recht behalten.

Ein junger Künstler war entsetzlich neugierig, wieviel Personen zu seinem ersten Auftritt kommen würden. Er bat einen Freund, sich eine halbe Stunde vor Konzertbeginn vor dem Haus zu postieren, in dem das Konzert stattfinden sollte und die Leute zu zählen, die eintreten würden.
Nun war dies aber ein Haus, in dem es ausser dem Konzertsaal auch Wohnungen oder Büros gab. Die Aufgabe war also nicht einfach, da der Freund sich die Aufgabe erschwerte, indem er nicht nur die eintretenden, sondern auch die das Haus verlassenden Personen zählte. Und als der Konzertgeber wenige Minuten vor Beginn aufgeregt aus einem Fenster seinen Freund fragte:

«Nun, wieviele?»
Antwortete der:

«Wenn noch zwei hineingehen, ist keiner mehr drin…»

Auch im Tierreich scheint es musikalische Anekdoten zu geben. Diese «spielt» in Buenos Aires, wo die Tango-Komponisten zu den gefeiertsten Stars gehören. Doch viele von ihnen können nicht einmal Noten lesen, geschweige denn schreiben. (Der böse Verdacht, auch mancher europäische Komponist von Märschen, Walzern, Schlagern, sogar Operetten wäre in der gleichen Lage gewesen, stellt natürlich eine Verleumdung dar.)
Der «Komponist» pfeift die Melodie dem «Arrangeur» vor; wenn es sehr hoch kommt, kann er sie ihm vielleicht langsam mit einem Finger auf den Klavier vorspielen. Und der Arrangeur verwandelt diesen «Einfall» dann in ein blendendes Orchesterstück von höchster Technik.
Nun kommt eines Tages ein Käufer in eine Tierhandlung; er sieht einen schönen Vogel, hört ihn herrlich singen und fragt entzückt nach dem Preis. Er will den Vogel schon nehmen, als der Verkäufer sagt:

«Sehr geehrter Herr, ich fühle mich verpflichtet, Ihnen noch einen wichtigen Rat zu geben: Sehen Sie den kleinen Spatz, der da im hintersten Winkel des gleichen Käfigs sitzt? Nehmen Sie den dazu!»

«Was soll ich denn mit diesem schäbigen Spatz?»

«Ich rate Ihnen gut: das ist der Arrangeur!»

In eine Tierhandlung – es muss keineswegs dieselbe gewesen sein – tritt ein Käufer auf der Suche nach einem klugen Papagei.
Ein sehr schönes Tier wird ihm gezeigt und der Verkäufer preist es an:
«Der kann zwanzig Opernmelodien auswendig!»
«Und wieviel kostet er?»
«1000 Franken...»
Dem Käufer wird ein noch schönerer gezeigt:
«Der beherrscht dreissig Leitmotive Wagners!»
«Donnerwetter! Und was kostet der?»
«2000 Franken.»
Der Käufer überlegt.
Da zeigt der Verkäufer auf einen Käfig im Hintergrund, dessen Insasse weniger spektakulär aussieht.
«Der ist etwas ganz Besonderes, er kostet 5000 Franken...»
«So? Und was kann denn der so Besonderes?»
Der Verkäufer dämpft ehrfurchtsvoll die Stimme:
«Das wissen wir leider nicht, aber die anderen sagen ihm ‹Maestro›.»

Mit «Elektra» hatte Richard Strauss einen grossen Schritt in die «moderne» Musik getan; die Partitur strotzte nur so von Schwierigkeiten.
Bevor Strauss sie selbst zum ersten Mal dirigieren sollte, wendete er sich an einen jungen Kapellmeister:
«Sie sind doch ein Moderner! Haben Sie eine Ahnung, wie man das dirigieren soll? – Ich nicht...»

Der erste Bratschist eines Provinzorchesters, das unter einem namhaften Gastdirigenten probt, hat soeben sein grosses Solo beendet, als der Kapellmeister, gütig, aber leicht vorwurfsvoll, unterbricht und zum Musiker sagt:
«Das habe ich schon schöner gehört...»,
Worauf der Bratschist, betreten und voll besten Willens, stammelt:
«Aber nicht von mir...»

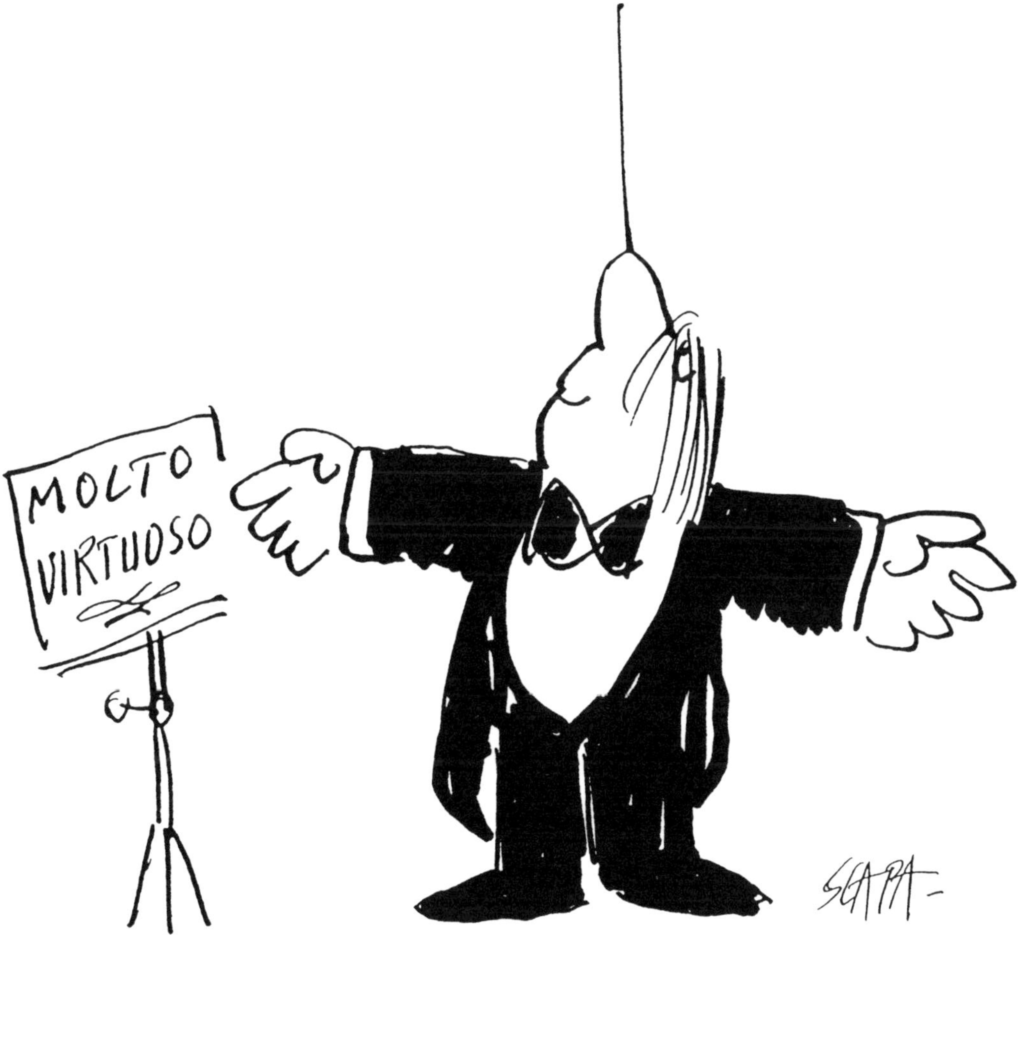
MOLTO
VIRTUOSO
SCAPA

Berühmt wurde die (gar nicht heitere) Anekdote um Schubert, den einmal ein junges Mädchen nach einem Abend mit seinen Liedern in einem Privathaus fragte:

«Herr Schubert, komponieren Sie eigentlich immer nur traurige Musik?»
Worauf der Meister antwortete:

«Gibt es denn eine andere?»

Alle Theater sind Irrenhäuser. Und die Opernhäuser sind die Abteilungen für Unheilbare…

Berlioz, der wenige Komponisten gelten liess, war ein gläubiger Verfechter Beethovens. Einmal gelang es ihm, seinen Lehrer Lesueur zum Anhören einer Beethoven-Sinfonie in Paris zu bringen.
Doch der altmodische Musiker war von diesem Werk entsetzt:
> «So etwas dürfte man nicht schreiben!» tobte er.
> «Seien Sie beruhigt, Meister», sagte Berlioz zu ihm, «es wird nicht viel solche Musik komponiert werden…»

Der sächsische König, mehr musikbegeistert als verständig, sitzt in seiner Loge bei einem Orchesterkonzert. Ein riesiges Instrument inmitten der Holzbläser fällt ihm auf: ein Kontrafagott. Der Zufall will es, dass gerade dieses Instrument im Verlauf des Abends eine Reihe seiner tiefsten Töne im Solo zu blasen hat. Majestät wendet sich zu seiner Ordonnanz um:
> «Macht er diese seltsamen Töne alle mit dem Mund?»
> «Ich will es hoffen, Majestät!»

Nach dem Auftreten der mittelmässigen Sängerin kommen einige der wenigen verbliebenen Anhänger und Anhängerinnen auf die Bühne und finden die Sängerin in Tränen aufgelöst.

«Aber, Liebste, warum sind Sie traurig? Schauen Sie die schönen Blumensträusse an, die man Ihnen da gebracht hat!»

Sie zählen sie und rufen triumphierend:

«Elf! Einer herrlicher als der andere!»

Schluchzt die Sängerin:

«Ich habe aber zwölf bezahlt!»

Von Charles Gounod, dem Komponisten der Oper «Faust», wird diese hübsche (und bedenkenswerte) Geschichte erzählt:

Als er alt und berühmt war, sagte er zu einem jungen Musiker, der recht stolz auftrat:

> «Als ich so jung war wie Sie, hiess es auch bei mir nur: ‹Ich›; später sagte ich: ‹Ich und Mozart›; als ich alt wurde, hatte sich das umgekehrt in ‹Mozart und ich›, und jetzt, mein Lieber, sage ich nur ganz still: ‹Mozart›...»

Arthur Nikisch, einer der frühen Pultstars und Chef des berühmten Gewandhaus-Orchesters in Leipzig, hatte den jungen Moritz Rosenthal aus Wien, der in einer sensationellen Karriere begriffen war, als Solist eines Konzerts geladen. Aber da er stets ängstlich darauf bedacht war, dass niemand ihm Applaus und Ehren streitig mache, liess er sich in diesem Konzert von seinem Stellvertreter ersetzen. Nach dem Konzert gab es ein Bankett, bei dem er es sich nicht nehmen liess, zu präsidieren. Rosenthal begrüsste ihn mit den Worten:

> «Oh, Meister persönlich! Ich dachte, Sie würden sich auch hier vertreten lassen...»

Die folgende Anekdote ist sehr oft erzählt worden. Max Reger, der glänzende Pianist und Komponist der letzten Jahrhundertwende, soll an die Musikkritiker, die ihm missgünstige Urteile widmeten, folgende Postkarte geschrieben haben:

> «Ich sitze auf dem verschwiegensten Platz meines Hauses. Ihre Kritik habe ich vor mir, bald werde ich sie hinter mir haben!»

Ein Musiker lief nach einer Probe zu Karl Böhm, der sich schlechtgelaunt auf den Heimweg machte.

«Herr Professor…» wendete sich ein Orchestermusiker mit einer Anfrage an den Dirigenten, der ihn wütend unterbrach:

«Was Professor! Professor! Ich bin Doktor, hören Sie, Doktor! Professor ist ja heute jedes Arschloch…»

Als Brahms einmal wieder eine Gebirgswanderung in seinen geliebten Alpen unternahm, hörte er auf einer Alm die Töne eines Alphorns. Und noch am gleichen Abend schrieb er, wie beinahe täglich, seiner geliebten Freundin Clara Wieck, der grossen Pianistin und Witwe Robert Schumanns. Er hielt die gehörte Melodie in Noten fest und setzte darunter:

«So blus das Alphorn heut'…»

Mit der grammatikalisch seltsamen Form wollte er wohl seine gelöste, frohe Stimmung andeuten. Wer ihn kannte, wusste, dass dies schon einen hohen Grad von Humor bei ihm bedeutete. (Die Melodie fand dann übrigens einen prominenten Platz in Brahms' Erster Sinfonie.)

In der ersten Spielzeit, die Maria Callas in der New Yorker «Met» (Metropolitan Opera House) sang, war sie noch nicht die unbestrittene Primadonna assolutissima der Welt.

Am Ende einer Vorstellung trat sie als Titelrollenträgerin einmal auch allein vor den Vorhang. Diesen Augenblick hatte einer ihrer Gegner abgewartet, um einen grossen Bund Rettiche auf die Bühne zu werfen.

Zum Glück war Frau Callas sehr kurzsichtig, so dass sie, was da geflogen kam, für Rosen hielt. Sie setzte ihr bestes Lächeln auf und dankte mit einer anmutigen Kopfbewegung in Richtung des «Spenders».

Der Bratschist eines Streichquartetts traf einen Musikliebhaber, der ihn nach dem Programm des nächsten Konzerts fragte:

«Haydn-Quartett Opus 74 No. 2...»

Gab der Bratschist zur Antwort,

«Schön!!» rief der Musikliebhaber begeistert. «Wie beginnt denn das nur?»

«Das weiss ich nicht, ich habe 16 Takte Pause...»

Keine Anekdote, aber eine Lebensweisheit von unschätzbarem Wert. Der grosse Konfuzius gab vor zweieinhalb Jahrtausenden seinen chinesischen Landsleuten (und allen Menschen) folgende drei Ratschläge, deren Befolgung zum irdischen Glück führen müssten:

- Den Ahnenkult, die ehrfurchtsvolle Bewahrung und das Studium der grossen Leistungen der Vorfahren.
- Die Pflege der guten Sitten, die das Verhältnis zum Mitmenschen regeln.
- Die Pflege der Musik, das heisst die Ausbildung der inneren Harmonie.

Der Zweite Weltkrieg war vorübergebraust, noch lag die halbe Welt in Trümmern. In Berlin waren Russen und Amerikaner siegreich einmarschiert und sannen nun auf gemeinsame Siegesfeiern. Im letzten, noch halbwegs unzerstörten Konzertsaal sollten einander die beiden grössten Geiger beider Länder treffen und gemeinsam musizieren: David Oistrach und Jascha Haifetz. Natürlich musste die Begegnung der beiden Meister auf dem Podium, mit einem feierlichen Zeremoniell umgeben, der Würde der grossen Begegnung angepasst sein.
Ein Dolmetscher stand in der Mitte bereit, perfekt im Russischen wie im Amerikanischen. Die beiden traten, jeder von seiner Seite aus, auf und eröffneten sofort lebhaft ein mikrofonübertragenes Gespräch, – mit offenen Mund stand der Dolmetscher da, ohne ein einziges Mal herangezogen zu werden. Beide sprachen Jiddisch miteinander.
Der festlich gestimmte Saal brach in tosendes Gelächter aus…

Herbert von Karajan war nicht nur der berühmteste, sondern zu seiner Zeit auch der meistbeschäftigte Dirigent der Welt. Unter seiner Leitung stand die Wiener Staatsoper, das Berliner Philharmonische Orchester, die Mailänder Scala, die Salzburger Osterfestspiele... Und so wird diese (verrückte) Anekdote beinahe glaubhaft. Er rannte wieder einmal aus der Wiener Oper, warf sich in das nächste Taxi und rief dem Chauffeur zu:

«Schnell, schnell, lieber Freund!»

Der fragte verdutzt:

«Ja, wohin denn, Euer Gnaden?»

Karajan erwiderte:

«Ganz egal wohin – man braucht mich überall!»

Österreich schaffte bekanntlich mit der Revolution von 1918 den Adel ab und verbot das Führen aristokratischer Titel. Doch Karajan trug den seinen weiterhin.

Einmal aber brachte ein besonders fanatischer «Linker» eine Klage gegen ihn ein: er dürfe sich nicht «Herr von Karajan» nennen. Die Gerichte des Landes aber fanden eine geistvolle, typisch österreichische Lösung des «Problems».

Da es jedem Künstler freisteht, einen Künstlernamen zu wählen, wurde erklärt, «Herbert von Karajan» sei einfach der Künstlername für Herbert Karajan...

Als Karajans Stern aufging, wurde er von manchem Kollegen der «alten Schule» befeindet. Er dirigierte von Anfang an alle Werke auswendig – wie es schon Toscanini tat – um auf diese Weise eine höhere innere Konzentration zu erzielen. Mit einem Kollegen, der stets lehrte (und praktizierte), man müsse immer die Partitur aufgeschlagen vor sich haben, um eine völlige Kontrolle über das Orchester ausüben zu können, hatte Karajan diesbezüglich oft Auseinandersetzungen. Eines Tages fragte Karajan den viel Älteren:

«Warum dirigieren Sie die Sechste Beethoven immer noch von Noten – die haben Sie doch sicher schon 50 mal dirigiert?»

Worauf der erwiderte: «Ich» – und er betonte das ‹ich› recht bösartig – «Ich kann ja Noten lesen...»

Hans Swarowsky war zweifellos einer der besten Dirigentenlehrer seiner Zeit, der Jahrzehnte nach dem Zweiten Weltkrieg. So glänzend diese Gabe in ihm entwickelt war, so allbekannt war auch seine böse Zunge, die auch im Alter nicht milder wurde. An seinem letzten Krankenlager fanden sich viele prominente Musiker ein, so eines Tages der namhafte Dirigent Ferdinand Leitner, dessen Spott und boshafter Witz kaum weniger bekannt waren. Nachdem die beiden mehr als eine halbe Stunde lang ihre nicht sehr schmeichelhaften Meinungen über zahlreiche Kollegen ausgetauscht hatten, wollte Leitner sich doch ein wenig versöhnlicher zeigen und schlug vor:
«Sollten wir nicht doch noch ein wenig Gutes über irgend jemanden sagen?»
Worauf Swarowsky mit kaum noch verständlicher Stimme antwortete:
«Mir fällt keiner ein...»

In einem armen polnisch-jüdischen Dorf, einem sogenannten «Stettl», lebte ein Mann, dessen grösster Wunsch ein Besuch in der fernen Hauptstadt Wien war, die, wie ihm, fast allen Bewohnern der alten österreichisch-ungarischen Monarchie als fast unerreichbarer Traum die Nächte vergoldete. Und in Wien sehnte er sich wieder ganz besonders nach der berühmten Hofoper, von deren Ruhm und Glanz er so viel gehört hatte.
Einer seiner wohlhabenderen Freunde fuhr nach Wien, und schüchtern bat er ihn, doch einmal sich um zwei Plätze zu kümmern, – für die «Feiertäg», da wollte er alle Ersparnisse zusammenkratzen und mit Sara, seinem geliebten Weib… Kaum brachte er diesen kühnen Gedanken heraus.
Der Freund fuhr und war schon einige Zeit weg. Die nur schüchtern erwähnte Sache war vergessen. Doch der Freund erinnerte sich eines Tages, kaufte zwei billige Karten für die Oper, tat sie in einen Umschlag, den er dem Portier des Hotels Sacher übergab, gleich hinter der Oper, – das würde der Freund aus dem «Stettl» sicher finden. Und er sandte ein Telegramm nach Hause:

«Sitze besorgt Hotel Sacher.»

Der Mann erschrak: Was war seinem Freund geschehen?
Und telegrafierte zurück:

«Warum sitzest besorgt Hotel Sacher?»

Eine (hoffentlich nicht wahre) Anekdote erzählt von einem «Witzbold», der in Wagners «Rheingold» der eben zum Singen ausholenden Erda zuflüsterte:
«Was für Eier isst du am liebsten?»
Worauf sie todernst beginnen sollte:
«Weiche, Wotan, weiche!»
Was ihr dann begreiflicherweise nicht gelang…

Ein bekannter Klavierlehrer sagte seufzend zu einem jungen Mann, der sich, nach bereits längerem Studium anderswo, bei ihm um Unterricht bewarb:
«Was sagen Sie, Stunden wollen Sie nehmen, Stunden? Jahre müssen Sie nehmen, Jahrzehnte!»

In der Humorreihe **HUMOR IM QUADRAT BENUTZE!** sind bisher erschienen:

Falsch verbunden
Das schonungslose Telefonbuch. Verblüffendes über das Telefonieren. llustriert von Scapa.

Europa zum Lachen
Witze, Sprüche und Anekdoten, gesammelt und herausgegeben von René Hildbrand

Tell me a Swiss joke
Humor from Switzerland. Schweizer Witze in englischer Sprache. Herausgegeben von René Hildbrand.

Who put the wit in Switzerland?
(Intentional and Otherwise) Eugene V. Epstein beweist, dass die Schweizer wirklich Humor haben.

スイスメニュー
Die japanische Version unseres Taschenkochbuchs über Schweizer Spezialitäten – vom urchigen Emmental zum sonnigen Tessin!

Swiss Menu
Die englische Version unseres Taschenkochbuchs über Schweizer Spezialitäten – from rural Emmental to sunny Ticino!

In der Humorreihe **HUMOR IM QUADRAT BENTELI** sind bisher erschienen:

Bärner Bärometer
...abär, abär! Zeichnerische Spielereien zum Thema «Bär» von Ingeborg v. Erlach. Mit einem Vorwort von Guido Schmezer.

Dr Bärner Witz
Der «träfe» Berner Humor, serviert in einer Sammlung typischer Berner Witze, Sprüche und Reime von Fritz Hofmann.

Sei nicht sooo tierisch ernst!
Humor aus dem Reich der Vierbeiner und Tausendfüssler, zusammengestellt und herausgegeben von Hermann Junker.

Sport für Faule
Weltmeisterliche Witze und Sprüche aus der Welt des Sports für alle Aktiven und Passiven. Gesammelt von René Hildbrand.

700-JAHR-FEIER...
Witze, Sprüche und Anekdoten Gesammelt und herausgegeben von René Hildbrand

Der Apfel fällt nicht weit...
Eine köstliche Sammlung lockerer Sprüche und fideler Fragen aus Kindermund, herausgegeben von René Hildbrand.

In der Humorreihe HUMOR IM QUADRAT sind bisher erschienen:

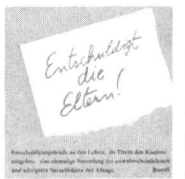

Entschuldigt die Eltern!

Herrliche Stilblüten aus Entschuldigungsbriefen an den Lehrer, die Eltern ihren Kindern mitgeben. Von Pierre Ferran.

Geehrte Ferwaltung!

Bürger schreiben an Ämter und Behörden. Köstliche Stilblüten aus Briefen an den Amtsschimmel. Von Pierre Ferran.

Arbeit macht Spass! (Spass beiseite)

Eine witzige Sammlung von Gereimtem und Ungereimtem zum Thema Arbeit, herausgegeben von René Hildbrand.

Arbeit macht Spass! (Spass beiseite) 2

Gereimtes und Ungereimtes zum Thema Arbeit – zweite Folge der witzigsten Sprüche, gesammelt von René Hildbrand.

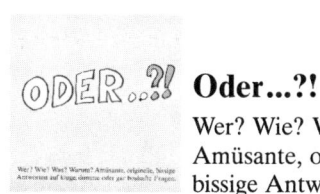

Oder...?!

Wer? Wie? Was? Warum? Amüsante, originelle, bissige Antworten auf kluge, dumme oder gar boshafte Fragen, gesammelt von René Hildbrand.

Sicher ist sicher!

Versicherte schreiben an ihre Versicherung und erliegen dabei den Tücken der Grammatik...

In der Humorreihe **HUMOR IM QUADRAT BENTELI** sind bisher erschienen:

Viel Glück!
Alles Glück dieser Welt, eingefangen in Anekdoten, Witzen und Sprüchen, gesammelt und herausgegeben von Hermann Junker.

Es lebe die Liebe!
Eine bunte Palette der lustigsten Verse, Witze, Reime und Sprüche rund um die Liebe, gesammelt von René Hildbrand.

Faule Ausreden
Eine unentbehrliche Sammlung garantiert wirksamer Ausreden für alle Lebenslagen, herausgegeben von René Hildbrand.

Flambieren Sie die Rechnung!
Witze, Sprüche und Reime über das Essen und Trinken. Humor à la carte, gesammelt und herausgegeben von René Hildbrand.

...und wie geht es in der Schule?
Schulfreuden und Schulleiden, in Wort und Zeichnungen witzig und menschlich festgehalten vom Cartoonisten Scapa.

Clown
Die schönsten Clown-Zeichnungen von Scapa für alle Leute mit Sinn für Clownerie und leisen Humor. Ein Stück Zirkus zu Hause!

In der Humorreihe **HUMOR IM QUADRAT BENTELI** sind bisher erschienen:

Viel Lärm um Lärm!

Kuriose Stilblüten aus Anfragen und Beschwerden über Umweltbelästigungen herausgegeben von Ulrich Mees.

Schöne Ferien

Ein Koffer voll Witze und Sprüche für einen heiteren Urlaub. Gesammelt und herausgegeben von Hermann Junker.

Diät durch dick und dünn

Witze und Sprüche zum Thema Diät. Garantiert kalorienfrei! Gesammelt und herausgegeben von René Hildbrand.

Aloha!

Ich liebe Dich in 62 Sprachen der Welt Tier & Meijers Cartoons zu diesem Thema begleiten Sie rund um die Welt.

Witze für sie

Lustige Sprüche und Witze für die Frau, die alle zum Schmunzeln bringen. Gesammelt von René Hildbrand.

Witze für ihn

Was für sie gilt, gilt auch für ihn... Die besten Witze für den Mann, gesammelt von René Hildbrand.

In der Humorreihe **HUMOR IM QUADRAT BENTELI** sind bisher erschienen:

Swissericks
Limericks aus der Schweiz in englischer Sprache von Livia Varju und Karl Iseli, illustriert von Albert Knödel

Sessionsgeflüster
Anekdoten und Zitate aus dem Parlamentsalltag, abgehört und zusammengetragen von Mutzli

Alles klar! (keiner weiss Bescheid)
Witzige Sprüche, Verse und Reime aus dem unerschöpflichen Fundus des Alltagslebens, herausgegeben von René Hildbrand.

Fremdwörter? Glückssache!!!
Pointen zu einem heiklen Thema, gesammelt und herausgegeben von Hermann Junker: Fremdwörter! Glückssache???

Verliebt, verlobt…
Ein Buch für Verliebte, für soche, die es bleiben wollen und andere.

Abenteuer am Autosteuer
Das Büchlein enthält unter anderem Prüfungsfragen, die wahrscheinlich noch nie gestellt wurden und wohl auch nie wieder gestellt werden.

Benteli Verlag Bern